内蒙古自治区地方标准

高速公路服务设施设置规范

Code for Design of Highway Service Facilities

DB 15/T 1178—2017

主编单位：内蒙古交通设计研究院有限责任公司
批准部门：内蒙古自治区质量技术监督局
实施日期：2017 年 05 月 25 日

人民交通出版社股份有限公司

图书在版编目(CIP)数据

高速公路服务设施设置规范 : DB 15/T 1178—2017 / 内蒙古交通设计研究院有限责任公司主编. — 北京 : 人民交通出版社股份有限公司, 2017.8

ISBN 978-7-114-14087-7

Ⅰ. ①高… Ⅱ. ①内… Ⅲ. ①高速公路—服务设施—技术规范—内蒙古 Ⅳ. ①U491.8-65

中国版本图书馆 CIP 数据核字(2017)第 197303 号

标准类型: 内蒙古自治区地方标准
标准名称: 高速公路服务设施设置规范
标准编号: DB 15/T 1178—2017
主编单位: 内蒙古交通设计研究院有限责任公司
责任编辑: 潘艳霞
出版发行: 人民交通出版社股份有限公司
地　　址: (100011)北京市朝阳区安定门外外馆斜街 3 号
网　　址: http://www.ccpress.com.cn
销售电话: (010)59757973
总 经 销: 人民交通出版社股份有限公司发行部
经　　销: 各地新华书店
印　　刷: 北京市密东印刷有限公司
开　　本: 880×1230　1/32
印　　张: 0.75
字　　数: 18 千
版　　次: 2017 年 8 月　第 1 版
印　　次: 2017 年 8 月　第 1 次印刷
书　　号: ISBN 978-7-114-14087-7
定　　价: 20.00 元

目　次

前　言

本标准按照 GB/T 1.1—2009 给出的规则起草。

本标准由内蒙古自治区交通运输厅归口。

本标准主要起草单位:内蒙古交通设计研究院有限责任公司。

本标准参与起草单位:北京中咨正达交通工程科技有限公司。

本标准主要起草人:刘凤林、崔琳、辛强、程苏沙、王全录、王海港、霍金龙、苗聪、高二利、林国鑫、邵先胜、郑平安、张原。

高速公路服务设施设置规范

1 范围

本标准规定了内蒙古自治区高速公路服务设施的分类、设置、规模、总体布局、场地设计、建筑设施、配套设施、景观与绿化。

本标准适用于内蒙古自治区新建、改建和扩建的高速公路服务设施,其他等级公路可参照执行。

2 规范性引用文件

下列文件对于本文件的应用是必不可少的。凡是注日期的引用文件,仅注日期的版本适用于本文件。凡是不注日期的引用文件,其最新版本(包括所有的修改单)适用于本文件。

GB 50034 建筑照明设计标准

GB 5749 生活饮用水卫生标准

GB 50015 建筑给排水设计规范

GB 50016 建筑设计防火规范

GB 50028 城镇燃气设计规范

GB 50156 汽车加油加气站设计与施工规范

GB 50461 石油化工静设备安装工程施工质量验收规范

GB 50555 民用建筑节水设计标准

GB 50763 无障碍设计规范

GB/T 17217 城市公共厕所卫生标准

GB/T 20234.1 电动汽车传导充电连接装置 第1部分:通用要求

GB/T 20234.2 电动汽车传导充电连接装置 第2部分:交流

充电接口

GB/T 20234.3　电动汽车传导充电连接装置　第3部分:直流充电接口

GB/T 27930　电动汽车非车载传导式充电机与电池管理系统之间的通信协议

JGJ 16　民用建筑电气设计规范

JGJ 36　宿舍建筑设计规范

JGJ 62　旅馆建筑设计规范

JGJ 64　饮食建筑设计规范

JGJ 100　车库建筑设计规范

JTG B01　公路工程技术标准

JTG D20　公路路线设计规范

JTG D40　公路水泥混凝土路面设计规范

JTG D80　高速公路交通工程及沿线设施设计通用规范

3 术语和定义

3.1

LNG 加气站　LNG fueling station

为 LNG 汽车储瓶充装 LNG 燃料的专门场所。

3.2

第三卫生间　third public toilets

是在厕所中专门设置的、为行为障碍者或协助行动不能自理的亲人(尤其是异性)使用的卫生间。

3.3

充电桩　charging point

固定在电动车外,为电动汽车提供电源的供电装置。

4 服务设施分类

4.1 高速公路服务设施分为服务区和停车区，服务区又分为A类、B类、C类。

4.2 不同类型服务设施功能配置应符合表1的规定。

表1 不同类型服务设施功能配置一览表

<table>
<tr><th colspan="3" rowspan="2">功能配置</th><th colspan="3">服务区</th><th rowspan="2">停车区</th></tr>
<tr><th>A类
服务区</th><th>B类
服务区</th><th>C类
服务区</th></tr>
<tr><td rowspan="6">为车
服务
设施</td><td colspan="2">停车场</td><td>●</td><td>●</td><td>●</td><td>●</td></tr>
<tr><td colspan="2">加油站</td><td>●</td><td>●</td><td>●</td><td>○</td></tr>
<tr><td colspan="2">LNG加气站</td><td>●</td><td>○</td><td>—</td><td>—</td></tr>
<tr><td colspan="2">充电桩</td><td>●</td><td>●</td><td>○</td><td>—</td></tr>
<tr><td colspan="2">车辆维修</td><td>●</td><td>●</td><td>○</td><td>—</td></tr>
<tr><td colspan="2">加水</td><td>●</td><td>●</td><td>●</td><td>—</td></tr>
<tr><td rowspan="10">为人
服务
设施</td><td colspan="2">公共厕所</td><td>●</td><td>●</td><td>●</td><td>●</td></tr>
<tr><td colspan="2">住宿</td><td>●</td><td>○</td><td>—</td><td>—</td></tr>
<tr><td colspan="2">餐饮</td><td>●</td><td>●</td><td>○</td><td>○</td></tr>
<tr><td rowspan="6">购物休闲</td><td>超市</td><td>●</td><td>●</td><td>○</td><td>—</td></tr>
<tr><td>便利店</td><td>●</td><td>●</td><td>●</td><td>○</td></tr>
<tr><td>室内休息区</td><td>●</td><td>●</td><td>●</td><td>—</td></tr>
<tr><td>室外休息区</td><td>●</td><td>●</td><td>●</td><td>●</td></tr>
<tr><td>贵宾休息厅</td><td>●</td><td>●</td><td>—</td><td>—</td></tr>
<tr><td>公共浴室</td><td>●</td><td>○</td><td>—</td><td>—</td></tr>
<tr><td colspan="2">自动存取款机</td><td>○</td><td>○</td><td>—</td><td>—</td></tr>
</table>

表1(续)

功能配置			服务区			停车区
			A类服务区	B类服务区	C类服务区	
为人服务设施	信息服务	电子显示屏	●	●	○	○
		信息查询系统	●	●	—	—
		互联网接入	○	○	—	—
附属设施	交通信息告示牌		●	●	●	●
	交通导向标志、标线		●	●	●	●
	场区安保设施		●	●	●	○
	场区照明设施		●	●	●	○
	管理用房		●	●	○	—
	员工宿舍		●	●	○	—
	辅助设备用房		●	●	●	●
	垃圾污水处理设施		●	●	●	○
其他设施	旅游休闲设施		○	—	—	—
	商务会议设施		○	—	—	—
	物流仓储设施		○	—	—	—
	客运汽车停靠站		○	—	—	—
注:●表示应设置的设施;○表示宜设置的设施;—表示可不设置的设施。						

5 设置

5.1 一般规定

5.1.1 高速公路服务设施应根据区域路网总体规划,充分考虑道路功能、交通量及交通流特征、地理位置、环境特征、沿线基础设施条件等合理设置。

5.1.2 服务设施的类型应根据高速公路交通量的大小、车辆组成等选取。

5.1.3 A类服务区宜设置在交通量大及有特殊需求的路段，如枢纽互通或著名旅游区附近。

5.1.4 B类服务区宜设置在交通量较大的路段。对于交通量较小的高速公路，可以采用C类服务区。

5.1.5 A类服务区之间可连续设置B类及C类服务区，B类服务区之间可连续设置C类服务区。

5.2 间距

5.2.1 一般情况下，各类服务区设置平均间距宜为50km，最大不宜超过60km；停车区与服务区之间平均间距宜为15km～25km。

5.2.2 对于交通量较小或沿线城镇分布稀疏，水、电供应困难的高速公路，服务区之间的最大间距可适当增加至70km～120km，服务区与停车区之间的最大间距可适当增加至35km～50km。服务区间隔60km以上时，设置在服务区间的停车区宜设置加油站。

5.3 选址

5.3.1 服务设施选址应因地制宜，符合国家土地和环保政策，充分考虑地形、地质、占用土地、拆迁量等因素，尽量设置在地质条件较好、占用荒地山地、拆迁量小的路段，减少土方调配，同时兼顾周边环境的可利用性，增加服务设施的景观效果。

5.3.2 服务设施选址应满足交通技术条件，设置路段要求线形良好，避免将其设置在小半径曲线路段或陡坡路段，同时，其与隧道出口、互通立交出入口应保持合理间距，与隧道间距宜不小于1km，与互通立交间距不小于2km。

5.3.3 服务设施选址应避免位于高填深挖路段，尽可能在主线700m～800m 范围内无桥梁、通道、涵洞、跨线桥、天桥等构造物的干扰。同时，服务区不应选择低洼易淹和有山洪、断层、滑坡、流沙、多年冻土、地震断裂带等地质灾害易产生地段。

5.3.4 服务设施选址宜考虑交通量大小以及修建与管理的便利，选择在有水源、电源、通信等基础设施的位置，并考虑职工通勤和物资供应的难易。服务设施选址应与公路今后可能的主线拓宽和设施的扩建相适应。

5.3.5 服务设施选址应充分考虑内蒙古不同区域特有的自然环境、历史文化、旅游资源等，形成富有地方特色的服务设施，并考虑带动地方经济的因素。

6 规模

6.1 一般规定

6.1.1 高速公路服务设施建设规模包括用地规模和建筑规模。

6.1.2 高速公路服务设施的用地规模应按照预测的第 20 年交通量确定；建筑规模以预测的第 10 年交通量设计。

6.2 用地规模

6.2.1 高速公路服务设施的用地规模由各类设施用地组合与叠加而成，不包括服务设施出入口加减速车道、贯穿车道以及填（挖）方边坡和边沟等面积。

6.2.2 同一路段沿线设置有多个服务区和停车区，因建设条件受限制，无法按规定面积设置服务设施的，可在满足服务设施间距要求的基础上，将停车区与服务区合并建设，合并后的用地规模按照服务区和停车区面积之和计算。

6.2.3 根据不同类型高速公路服务设施的功能设置，各类型高速公路服务设施建设用地规模宜符合表 2 规定。

表 2　各类服务设施用地规模

服务区类型	用地规模(双侧、亩)
A 类服务区	150 ~ 300
B 类服务区	100 ~ 200
C 类服务区	60 ~ 100
停车区	15 ~ 50

注 1:经主管部门批准,服务区可与公共汽车停靠站、长途汽车站、物流中心、公路治理超限超载站、联合执法站等设施合建,与服务区合建的设施的用地面积应单独计列。

注 2:当服务设施需要承担公路交通应急保障功能时,其用地面积应根据实际设计方案增加。

注 3:本表不包含以商业化方式增加的用地面积。

注 4:1 亩 = 10 000/15m^2。

6.3　建筑规模

6.3.1　服务设施建筑规模是指一处服务设施建筑面积的总和。

6.3.2　各类服务设施建筑规模宜符合表 3 的规定。

表 3　各类型服务设施建筑规模

服务区类型	A 类服务区	B 类服务区	C 类服务区	停车区
总建筑面积(m^2)	9 000 ~ 12 000	5 000 ~ 9 000	3 000 ~ 6 000	500 ~ 2 000

注:根据需要,服务设施需承担公路交通应急保障功能时,其建筑面积应根据实际设计方案增加。

7　总体布局

7.1　服务设施形式

7.1.1　服务设施布设形式分为分离式和集中式。一处服务设施布设的形式根据实际需要可分开布设于主线两侧，或集中布设在主线一侧或两主线车道中间。

7.1.2　服务设施一般情况下宜采用双侧分离式，可对称布设或非对称布设，采用双侧分离式布设时应设（管理用）跨线桥或通道。当地形条件适宜时，亦可采用集中式。

7.2　服务设施总平面功能分区

7.2.1　按功能设施位置分区

7.2.1.1　分离式服务设施一般分为外向型、内向型和中间型。

a）外向型是指餐厅、休息室、公共厕所等功能设施，布置在停车场外侧的形式，如图1所示。

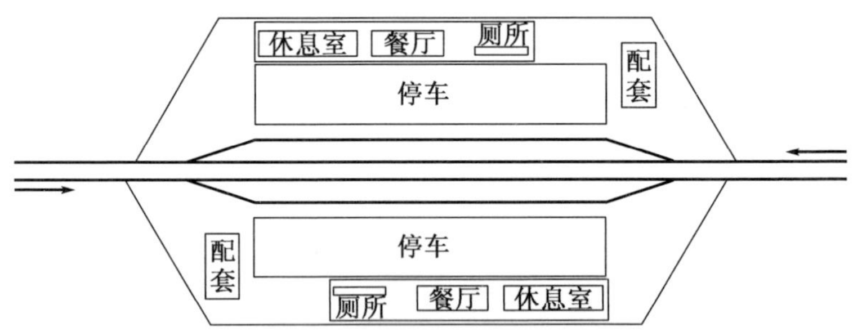

图1　外向型服务区示意图

b）内向型是指餐厅、休息室、厕所等功能设施布置在停车场内侧的形式，如图2所示。

c）中间型是停车场分功能、分车型分散布局，并利用绿化带和服务设施建筑进行隔离的布局形式。一般餐厅、休息室、厕所等功能设施和绿化带平行于主线，并在其前后平行布置停车场，如图3所示。

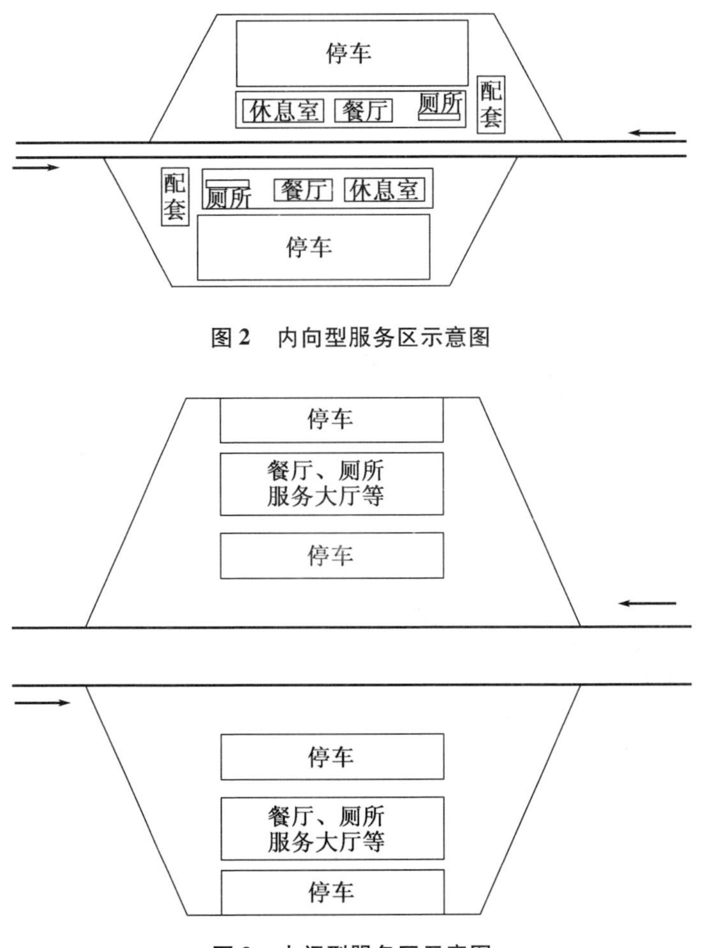

图2　内向型服务区示意图

图3　中间型服务区示意图

7.2.1.2　服务设施总平面功能分区宜结合地形特点、用地规模和地质情况综合规划。一般服务设施的总平面功能分区宜采用外向型，对于A类服务区可采用中间型。

7.2.2 按加油站位置分区

服务区总平面布置形式根据加油站在区内的位置而分为入口型、中央型和出口型,一般宜采用出口型。

7.2.3 总平面布置

7.2.3.1 服务设施的总平面布置应充分考虑地形特征,灵活布置服务设施及场内设施和建筑。

7.2.3.2 总平面设计应近远期相结合,统一建设并留有发展余地。

7.2.3.3 服务设施场区内应进行功能分区,合理设计人流和车流流线,做到布局合理、使用方便、流线简捷。

7.2.3.4 在平面布置中,客车和货车的停车场应分开布置,客车停车区宜靠近服务区综合楼,货车停车区不宜集中布置在综合楼前侧。

7.2.3.5 公共厕所应靠近客车停车场,宜与综合楼合并设置,独立设置的大型公厕与综合楼之间应有走廊连接。

7.2.3.6 加油站应独立成区,四周环形道路贯通。

7.2.3.7 服务设施各个建筑的布置,应满足防火、卫生、安全等规范要求。

7.2.3.8 服务设施场区内应设置明确的交通导向设施、照明设施、监控安保装置和消防设施。

7.3 交通组织

7.3.1 停车场内各类车辆的行驶及停放应尽量采用顺进顺出的方式,采用单向行驶,避免不同车型行车路线的相互干扰与冲突,特别是避免停车车流、加油车流及维修车流之间的交叉。

7.3.2 服务区的交通流线应考虑车辆休息前加油、休息后加油、直接加油三种情况的行驶路线,避免不同车辆流线的相互影响。

7.3.3 服务区交通导向标志和标线,应清晰地指向服务区功能分区,规范车辆在场区内的运行。

8　场地设计

8.1　场区道路

8.1.1　服务设施场地与高速公路之间应采用匝道相接，一般规定如下：

8.1.1.1　服务设施出入口的加（减）速车道和贯穿车道，应由主体工程随主线一并设计。

8.1.1.2　连接进出服务设施场地的匝道，其坡度、匝道长度、转弯半径等应符合相关规范要求。

8.1.1.3　从匝道至贯穿车道之间的道路线形设计应能使驾驶员保持良好的视线，能够识别停车场和各种设施布置情况。

8.1.2　场内道路的平面设计应符合下列规定：

8.1.2.1　在满足车行条件下，应结合自然条件及建筑物的布局，因地制宜地确定场内路线走向。

8.1.2.2　场内行车路线应按照主、次车道分开，主干车道宽度≥8m，次要车道宽度≥4.5m。大型、特大型货车停车场的车道宽度≥10m。

8.1.2.3　大型车辆转弯半径≥24m，中型车辆转弯半径≥18m，小型车辆转弯半径≥12m。对于各种车辆混行的车道，应以最大型车辆的转弯半径为准。

8.1.3　场内道路的纵断面应平顺、尽量减少工程量，并满足道路及两侧建筑用地的排水要求和地下管线的敷设要求。

8.2　停车场

8.2.1　车位数计算

8.2.1.1　停车场车位数根据主线交通量与设施的利用率进行计算。

8.2.1.2　服务区驶入率分为4类：

a) A 类驶入率:A 类服务区驶入率。

b) B 类驶入率:B 类服务区驶入率。

c) C 类驶入率:C 类服务区驶入率。

d) D 类驶入率:停车区驶入率。

内蒙古自治区高速公路服务设施驶入率推荐见表 4,车辆平均停留时间见表 5。

表 4 内蒙古自治区高速公路服务设施驶入率推荐

驶入率类别	客车	货车
A 类驶入率(%)	16 ~ 20	25 ~ 30
B 类驶入率(%)	13 ~ 16	20 ~ 25
C 类驶入率(%)	10 ~ 13	15 ~ 20
D 类驶入率(%)	5 ~ 10	9 ~ 15

表 5 车辆平均停留时间(Z_i)

服务设施	小型客车	中大型客车	小型货车	中大型货车
服务区平均停车时间(min)	20	35	25	45
停车区平均停车时间(min)	15	25	25	30

8.2.2 车位布置

8.2.2.1 各类停车场的停车方式应符合以下规定:

a) 小客车停车场的停车方式宜采用垂直式或 60°斜放式停车,前进停车、后退发车。

b) 中型车中的大型客车停车场的停车方式宜采用 60°斜放式停车,前进停车、前进发车。

c) 中型车中的载重汽车停车场的停车方式宜采用 45°斜放式停车,前进停车、前进发车。

d) 大型车辆停车场的停车方式宜采用平行式停车,方便车辆进出。

8.2.2.2　各类车型的最小转弯半径可采用表6的规定。

表6　各类车型的最小转弯半径

车　　型	最小转弯半径(m)
小型车	6.00
中型车	8.00 ~ 10.00
载重汽车	10.50 ~ 12.50
大型车	18.00 ~ 20.00

8.2.3　停车场规划

8.2.3.1　功能分区应符合下列规定：

a）停车场应根据不同类型车型进行分区，包括小客车区、大客车区、货车及超长车区、蓄产运输车停车区、房车停车区，同时设置1 ~ 2个危险品运输车辆专用停车区。

b）客车停车区宜安排在靠近厕所、餐厅、超市的位置，同时在A类、B类服务区预留充电桩位置和区域。

c）不宜将大型货车停车场布置在角落里。如果条件受到限制时，也必须布设顺畅的引道。

d）危险品运输车辆专用停车区与加油站、LNG加气站、主要建筑安全距离符合要求，并在该区域内针对这些车辆设置专门的管理设施和消防设施。

e）停车场应考虑无障碍设计，在靠近残疾人专用设施处设置1 ~ 2个残疾人专用停车位，并提供残疾人通道。

8.2.3.2　平面和竖向应符合下列规定：

a）停车场的进出通道，单车道净宽不应小于4m，双车道净宽不应小于6m；因地形高差通道为坡道时，双车道则不应小于7m；当车辆穿过建筑物时，通道的净高和净宽应大于 5.5m。

b） 停车场内应用标牌标明区域，用标线指明行驶路线，停车车位应以标线划分、编号。

c） 充分利用地形，尽量减少土石方量。停车场宜设置在同一分台上，如高差太大，亦可考虑把停车场设置在不同的高程平面上。

8.2.3.3 停车场应设置人员进入和离开停车场的通道，尽量避免行人与车辆的冲突，人行道应有明显标志或采用特殊路面铺装，以确保过往驾乘人员安全。

8.2.3.4 停车区、加油区和维修区地面应采用水泥混凝土路面结构形式，应符合 JTG D40 的要求。

8.3 广场（含停车场）和通道设计

8.3.1 停车场与建筑设施、绿地之间应设置广场和步行通道。

8.3.2 停车场与广场地形不宜有较大高差，如有高差设置台阶时，必须设置残疾人坡道和设施。

8.3.3 停车场内的人行道，与小型车停车位相连时应满足2.25m的人行道宽度，与大型车停车位相连时应满足 3m 的人行道宽度。人行道应有明显的标志或采用特殊路面铺装。

8.4 标志标线

8.4.1 服务设施内标志标线的总体功能是引导人车分流，指引车辆各行其道，明确指示功能分区。

8.4.2 服务设施出入口及场地内应设置引导类和说明类的标识。

8.4.3 服务设施中的不同车辆停车区等功能分区宜设置地面标线。

8.4.4 服务设施入口处需设置服务设施名称标识牌及带有驶入方向的地面箭头标线。

8.4.5 服务区的出口处必须设置含高速公路交通图及沿线服务区信息的标识牌，同时设置下一服务设施预告标志。

8.4.6 服务区的标识牌必须功能明确，必须设置在视野开阔处，不得影响车辆行驶，不得侵入各功能区的建筑界线。

8.5 休息广场

8.5.1 综合楼周边宜设置休息广场，通过步行通道、室外小品、绿地的组织，为驾乘人员提供一个室外休息、散步、活动和观景的场所。

8.5.2 座椅、小桌、垃圾箱等建筑小品的设置，要尽可能使轮椅使用者容易接近并便于使用，而且其位置不应妨碍视觉障碍者的通行。

8.5.3 休息广场应有足够供高峰时段乘客停留的使用面积。广场地面铺装以及构筑物的形式，在满足功能的基础上，应考虑美观且具有特色。

8.5.4 停车场和休息广场应采用一定设施分离，一般实现人车分离。可采用不同地面高程来分离，但不应有较大的高差。如果在停车场和各设施之间因地形有高差时，必须设置残疾人坡道。

9 建筑设施

9.1 综合楼

9.1.1 综合楼由餐饮区、购物区、住宿区、办公区、室内休息区等组成。

9.1.2 综合楼的规模应根据服务设施的交通需求确定，可结合服务设施等级、经营和使用要求，适当增减或合并各类用房。根据功能分区，合理安排餐饮区、购物区和室内外公共休息场所的位置，应做到驾乘人员频繁使用的区域相对集中。

9.1.3 综合楼应解决好各功能用房之间的联系，实现穿行方便。同时在显著位置设置引导标识，对旅客进行有效引导。

9.1.4 综合楼的建筑空间布局和结构选型应具有适当的灵活性

和通用性，且能适应改建和扩建的要求。

9.1.5 综合楼的层高设计应根据服务设施规模和技术经济条件综合确定。

9.1.6 综合楼与停车场、园地、厕所等设施及其连接道路应考虑方便残疾人的通行和使用。残疾人的专用设施有条件单独设置的，应尽量单独设置。通道应能保证轮椅顺利通行，其设计应符合 GB 50763 的规定。

9.2 加油站

9.2.1 加油站设计应符合 GB 50156 和 GB 50461 的有关规定。

9.2.2 加油站平面设计应与总平面图流线设计相配合，加油站的布局方式要考虑车辆的影响和人们的加油习惯，不增加车辆的反向行驶流量。加油站的车辆入口和出口应分开设置，使站内保持一个车流方向。加油站入口前应预留排队等待空间，并与停车场出口车道分开设置，等待加油的车辆不应阻塞停车场出口。

9.2.3 A 类、B 类服务区加油站内客车和货车应划分不同的加油区域。

9.3 LNG 加气站

9.3.1 加气站设置应符合 GB 50183、GB 50016、GB 50028、GB 50156 等有关规定。

9.3.2 在现有高速公路增加 LNG 加气站时，加气站位置应尽量选择在高速公路原有服务区内或旁边，使其和服务区原有的服务设施形成一个有机整体。

9.3.3 对于新建高速公路服务区，条件成熟时宜考虑油气站合建；条件尚未成熟时，应充分考虑建站用地和预埋管线。

9.3.4 LNG 加气站宜设置在大型车停车区附近，避免对小型车和行人造成干扰。

9.4 充电桩

9.4.1 充电桩设置应符合 GB/T 18478.1、GB/T 20234.1、GB/T 20234.2、GB/T 20234.3、GB/T 27930 等有关规定。

9.4.2 充电桩应设置在 A、B 类服务区,宜设置在 C 类服务区。新建服务区建设时应预留充电桩位置和管线,待内蒙古自治区制定充电桩统一规划后一并实施。

10 配套设施

10.1 给水排水

10.1.1 服务设施水源宜选用就近的城镇自来水,若附近无合适的市政水源,可取用地下水。在干旱缺水地区取水困难时应设足够的生活用储水池和取水设施。水质必须达到现行 GB 5749 的要求。

10.1.2 服务设施用水量包括工作人员生活用水量、公共建筑和服务设施(包括厕所、餐厅、客房、洗车场和修理间)用水量、消防用水量、浇洒道路和绿化用水量等四部分。用水定额选用应符合 GB 50015、GB 50555 的规定。

10.1.3 服务设施内各类污、废水汇集后必须经污、废水处理设施处理达标后方可排放。

10.1.4 污水、雨水以及含油与不含油污水,应采用分流制排放。

10.1.5 新建 A、B 类服务区宜设置中水处理利用设备,C 类服务区和停车区可不设置中水处理利用设备。

10.2 电气设计

10.2.1 服务设施的电气设计应满足 JGJ 16 民用建筑电气设计规范及其他相关规范的有关规定。

10.2.2 在取电困难地区,可考虑采用太阳能和风能。

10.2.3 服务设施用电负荷等级应符合下列规定:

a) A 类和 B 类服务区综合楼内的厨房用电,餐厅照明、超市照明,监控室(包括设备用电)和消防设备按二级负荷供电。其余部位的用电按三级负荷供电。

b) 加油站按二级负荷供电。

c) 变配电房按二级负荷供电。

d) 水泵房按二级负荷供电。

e) 广场照明(包括高杆灯和路灯)和污水处理设备按二级负荷供电。

11 景观与绿化

11.1 服务设施绿化包括园地、防护绿地、保留用地三部分。

11.2 服务设施绿化设计应满足以下要求:

a) 休息园地及室外休息广场宜设置在停车场与主体建筑之间。休息广场中可布置绿地、雕塑和喷泉。

b) 主线与服务设施之间的绿地分隔带,宜适当布置小乔木、灌木。

c) 宜在服务设施周围设置带状绿地,选择种植适宜的树种,供乘客观赏。

d) 停车场内的绿化设施布置,应保证车辆出入方便、视线良好。